D0516118

GOSCINNY ET UDERZO
PRÉSENTENT
UNE AVENTURE D'ASTÉRIX

ASTÉRIX
LA ROSE ET LE GLAIVE

TEXTE ET DESSINS DE ALBERT UDERZO

encrage: Frédéric Mébarki
lettrage: Michel Janvier
mise en couleur: Studio Legrain

LES ÉDITIONS ALBERT RENÉ
26, AVENUE VICTOR HUGO   75116 PARIS

NOTE DE L'AUTEUR

Le scénario de cet épisode d'Astérix a été écrit en 1990. Les dessins ont fini d'être réalisés au mois de mai 1991.
Toute similitude avec des événements, toute ressemblance avec des personnes existantes ou ayant existé,
ne seraient qu'une coïncidence purement fortuite.

© 1991 LES ÉDITIONS ALBERT RENÉ/GOSCINNY-UDERZO
Dépôt légal octobre 1991 n° 053-8-01
I S B N 2-86497-053-8
Imprimé en France par BRODARD GRAPHIQUE

Loi n° 49956 du 16 juillet 1949 sur les publications destinées à la jeunesse.

La loi du 11 mars 1957 n'autorisant, aux termes des alinéas 2 et 3 de l'Article 41, d'une part, que les "copies ou reproductions strictement réservées à l'usage privé du copiste et non destinées à une utilisation collective" et, d'autre part, que les analyses et les courtes citations dans un but d'exemple et d'illustration,"toute représentation ou reproduction intégrale, ou partielle, faite sans le consentement de l'auteur ou de ses ayants-droit ou ayants-cause, est illicite"(alinéa 1er de l'Article 40).
Cette représentation ou reproduction, par quelque procédé que ce soit, constituerait donc une contrefaçon sanctionnée par les Articles 425 et suivants du Code Pénal.

GOSCINNYRIX

VDERZORIX

VIS COMICA *

Le pouvoir de faire rire : mots extraits d'une épigramme de César sur Térence, poète latin.

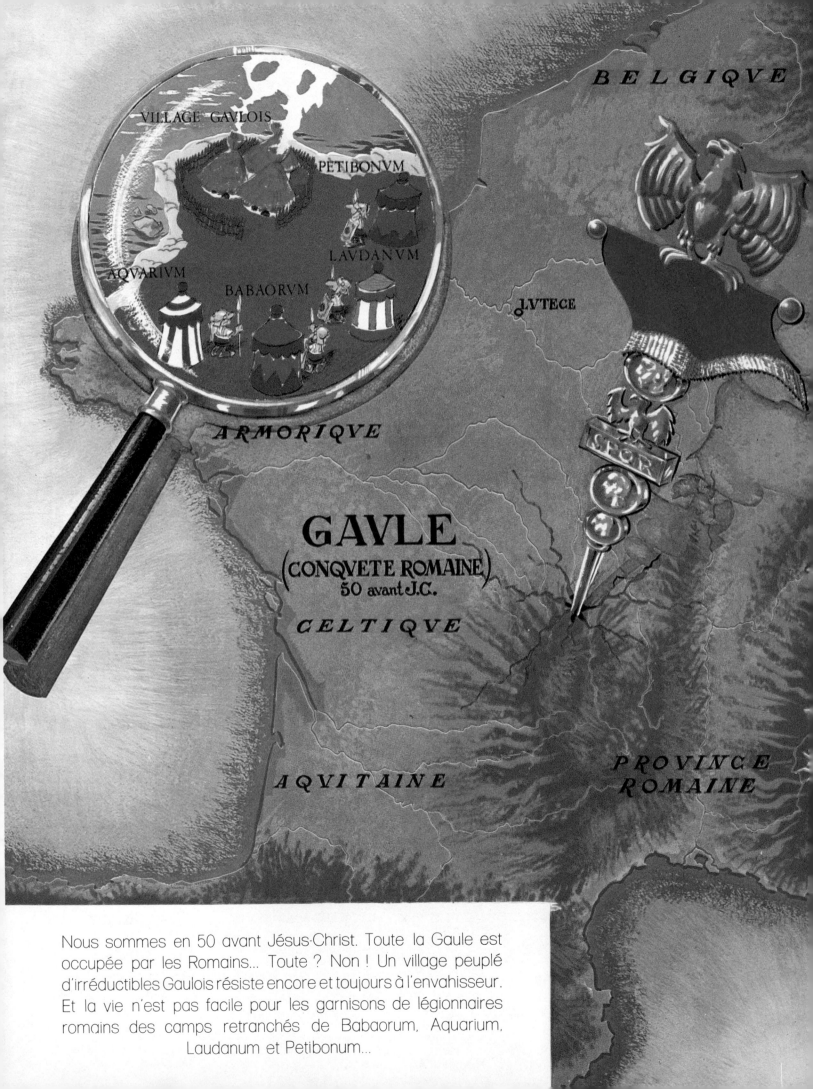

Nous sommes en 50 avant Jésus-Christ. Toute la Gaule est occupée par les Romains... Toute ? Non ! Un village peuplé d'irréductibles Gaulois résiste encore et toujours à l'envahisseur. Et la vie n'est pas facile pour les garnisons de légionnaires romains des camps retranchés de Babaorum, Aquarium, Laudanum et Petibonum...

NON! ON VEUT PAS DE FILLES!

ET POURQUOI JE PEUX PAS JOUER AVEC VOUS, MOI?

T'AS DÉZÀ VU UNE FILLE FE BATTRE CONTRE LES LÉZIONS DE FÉSAR, TOI?

ET PUIS D'ABORD LES FILLES, ÇA PLEURE TOUT LE TEMPS!

ÇA, C'EST PAS VRAI!

MAMANNN!

AS-TU FINI D'EMPOISONNER LE MONDE, ESPÈCE DE CHENAPAN!

FA Y EST! F'EST ENCORE ET TOUZOURS DE MA FAUTE!

PAS ÉTONNANT QUAND ON A UN PÈRE QUI EMPOIS-SONNE DÉJÀ TOUT LE VILLAGE AVEC DU POISSON AVARIÉ!

AH! MADAME! SI VOUS ÉTIEZ VOTRE MARI JE...

JE QUOI?

PAF PAF PAF

TCHAC!

PIF!

PAF!

BANG!

BING!

BON! F'EST D'ACCORD! VIENS ZOUER AVEC NOUS!

NON! MAINTENANT C'EST TROP TARD!

AH, LES FILLES! TOUTES DES PEFTES!

DONG! DONG! DONG!

5

ALLONS LES ENFANTS! LA RÉCRÉATION EST TERMINÉE!

NOUS AVONS DÉCIDÉ DE RETIRER NOS ENFANTS DE CETTE ÉCOLE TROP MAL FRÉQUENTÉE!

?!?

OUI! ET D'AILLEURS UNE ÉDUCATRICE QUI VIENT DE LUTÈCE VA, À NOTRE DEMANDE, REPRENDRE EN MAIN LEUR INSTRUCTION!

ET SURTOUT LEUR INSTRUCTION **MUSICALE!**

!

DOIS-JE VOUS RAPPELER QUE SEULS LES DRUIDES ET LES BARDES ONT LE POUVOIR D'INSTRUIRE?!

ET ALORS? LES FEMMES BARDES, ÇA EXISTE NON?!

NON MADAME! UNE BARDE ÇA N'EXISTE PAS, OU ALORS C'EST UNE TRANCHE DE LARD!!!

ET VOUS, VOUS SAVEZ CE QUE VOUS ÊTES?

AH! MADAME SOYEZ POLIE!

PAFF!

ÇA, BARDE LÀ-BAS!

ON ME TAPE DESSUS À TOUT BOUT DE CHANT ET EN PLUS, ON ME REMPLACE PAR UNE ÉTRANGÈRE! C'EST DIT, JE QUITTE LE VILLAGE!

PAUVRE ASSURANCE-TOURIX! IL A VRAIMENT L'AIR DE VOULOIR NOUS QUITTER! JE VAIS PRÉVENIR ABRARACOURCIX NOTRE CHEF!

MOI, JE SUIS TRANQUILLE! JAMAIS UNE FEMME NE POURRA ME REMPLACER - TAILLER DES MENHIRS, C'EST UN TRAVAIL BIEN TROP DÉLICAT!

Ô ABRARACOURCIX, NOTRE CHEF! ASSURANCETOURIX VEUT NOUS QUITTER À CAUSE D'UNE FEMME BARDE!

TIENS! IL EST AMOUREUX?

NON, MAIS IL EST VEXÉ QU'ON PUISSE LE CONTESTER EN FAVEUR D'UNE ÉTRANGÈRE AU VILLAGE!

BAH! JE NOUS FAIS CONFIANCE! ON VA TELLEMENT RASER CETTE BARDE QU'ELLE PARTIRA D'ICI RAPIDEMENT!

EN ATTENDANT, NOUS DEVONS CONVAINCRE ASSURANCETOURIX DE RESTER. QUAND IL NE CHANTE PAS, C'EST UN CHARMANT COMPAGNON!

TOUT LE VILLAGE TE DEMANDE DE NE PAS LE QUITTER ASSURANCETOURIX!

ADIEU, PEUPLE INGRAT. QUALIS ARTIFEX PEREO.!*

*QUEL GRAND ARTISTE PÉRIT AVEC MOI! (LOCUTION LATINE INJUSTEMENT ATTRIBUÉE À NÉRON)

3A

EUH! POUR TE PROUVER NOTRE AMITIÉ, NOUS SOMMES MÊME PRÊTS... À TE LAISSER CHANTER!

!

NON, TU NE ME FERAS PAS CHANTER! NON, TU NE ME FERAS PAS CHANTER!!!

BONG BONG BONG!

MAIS... OÙ VAS-TU ALLER, ASSURANCETOURIX?

JE VAIS ME RÉFUGIER DANS MON PETIT PIED-À-L'AIR* LÀ-BAS, AU CŒUR DE LA FORÊT OÙ JE POURRAI MÉDITER SUR L'INGRATITUDE HUMAINE!

*HABITAT SECONDAIRE DES BARDES.

C'EST TRISTE DE VOIR NOTRE BARDE QUITTER LE VILLAGE!

EH OUI! MÊME SI CE NE SONT PAS TOUJOURS LES MEILLEURS QUI NOUS QUITTENT!

C'EST ICI LE VILLAGE DES FOUS?

!?

3B

CE NE SONT PAS TOUJOURS LES MEILLEURS QUI ARRIVENT, ON DIRAIT!

PVVVFFFFF!

CHUUUT!

MADAME, JE SUIS LE CHEF DE CE VILLAGE ET J'AIMERAIS QUE VOUS MODÉRIEZ VOS EXPRESSIONS!

JE VOUS PRIE DE M'EXCUSER, MAIS C'EST SOUS CE VOCABLE QUE DEPUIS LUTÈCE, DANS CHAQUE MANSIO*, ON M'A INDIQUÉ LE CHEMIN DE VOTRE OPPIDUM!

*SORTE DE MOTEL INSTALLÉ SUR LES VOIES ROMAINES

PFFFF! HI! HI! HI!!

CALME-TOI OBÉLIX!

ALORS, C'EST VOUS LA... COMMENT DIT-ON? LA BARDE, LA BARDESSE?

LE BARDE. JE M'APPELLE MAESTRIA ET DITES À L'HYSTÉRIQUE DE CESSER DE RIRE BÊTEMENT OU JE VAIS ME FÂCHER!

WHOUHAHA!

HEU! IL FAUT EXCUSER MON CAMARADE! C'EST LA PREMIÈRE FOIS QU'IL VOIT UNE GAULOISE PORTER DES BRAIES!

IGNORANTS! AUJOURD'HUI, TOUTES LES LUTÉCIENNES PORTENT DES BRAIES "DJINN", CE TISSU VENU D'ORIENT!

GRRR!

4A

NON, C'EST PAS ÇA... HI! HI! HI! HI! TOUT LE MONDE SAIT QUE C'EST DANS LE SENS VERTICAL QUE LES RAYURES AMINCISSENT, HO! HO! HO!

!

Ô, LE PLANTUREUX! VOYONS SI TU ES AUSSI SAVANT EN ARITHMÉTIQUE QU'EN ESTHÉTIQUE ET RÉCITE-MOI LA TABLE DE III!

C'EST FACILE! IL Y A ASTÉRIX, IDÉFIX ET MOI, MAIS AVEC LES SANGLIERS SUR LA TABLE, ÇA FAIT PLUS QUE TROIS, BIEN SÛR!...

BON! DEMAIN, TOI ET TES RAYURES, JE VEUX VOUS VOIR DANS MA CLASSE! VU?

?!

BONG! BONG! BONG!

MAIS DEMAIN JE NE PEUX PAS! J'AI DES MENHIRS À LIVRER, MOI!

OBÉLIX, JE T'EN PRIE! NE COMPLIQUE PAS LA SITUATION!

PFFFFFHIHIHI!

?

4B

CHÈRE MADAME, NOUS VOUS ATTENDIONS! JE SUIS BONEMINE, LA FEMME DU CHEF ET VOICI MADAME ORDRALFABÈTIX, MADAME CÉTAUTOMATIX ET MADAME AGECANONIX!

APPELEZ-MOI MAESTRIA, EN TOUTE SIMPLICITÉ!

CE SOIR, EN VOTRE HONNEUR, NOUS ORGANISONS UNE PETITE RÉCEPTION AFIN DE FAIRE CONNAÎTRE NOTRE NOUVEAU BARDE AUX HABITANTS DU VILLAGE!

VOUS VERREZ, ILS SONT UN PEU RUSTRES MAIS ILS SONT JOYEUX ET SYMPATHIQUES!

JE SAIS! J'AI DÉJÀ APPRÉCIÉ! ET OÙ EST MON LOGEMENT DE FONCTION?

VOTRE LOGEMENT DE... AH OUI, BIEN SÛR!..

POURQUOI NE PAS UTILISER LA HUTTE D'ASSURANCETOURIX PUISQU'IL EST PARTI?

QUI JOUE DES FLÛTES PERD SA HUTTE!

ABSOLUMENT!

NOUS ALLONS VOUS Y CONDUIRE. C'EST QUE VOUS DEVEZ ÊTRE ÉPUISÉE APRÈS CE LONG CHEMIN À PIED!

JE N'AIME PAS FAIRE DU CHAR-STOP! ON NE SAIT JAMAIS SUR QUI ON TOMBE!

GROUIC?

54

VOILÀ! C'EST UN PEU HAUT, MAIS ON Y RESPIRE UN AIR TRÈS PUR!

MOUAIS! AMUSANT!

PEU APRÈS...

TU ME CONNAIS, ASTÉRIX; JE NE SUIS NI MISOGYNE NI XÉNOPHOBE, MAIS JE N'AIME PAS CETTE ÉTRANGÈRE. QUELQUE CHOSE ME DIT QU'ELLE NOUS FERA TOMBER LE CIEL SUR LA TÊTE!

IL Y A LONGTEMPS QUE LE MÉNAGE N'A PAS ÉTÉ FAIT ICI!

?!

QU'EST-CE QUE JE DISAIS!

JE SAVAIS QUE LA MUSIQUE D'ASSURANCETOURIX N'ÉTAIT PAS LÉGÈRE, MAIS PAS À CE POINT-LÀ!

55

UNE RÉCEPTION EN L'HONNEUR DE CETTE... DE CE BARDE! PFFF! QUELLE IDÉE!

C'EST ÇA! POUR UNE FOIS QUE NOUS ACCUEILLONS UNE PERSONNE DE QUALITÉ ET DE BONNE ÉDUCATION, MÔSSIEU SE SENT MAL À L'AISE!

MÔSSIEU PRÉFÈRE SÛREMENT LA FRÉQUENTATION DE TOUS CES GOINFRES INCULTES ET GROSSIERS QUI L'ONT ÉLU POUR CHEF!

MAIS ENFIN, MIMINE...

ET PUIS CESSE DE M'APPELER MIMINE! C'EST GROTESQUE ET VULGAIRE!

OÙ EST TON PAVOIS DE FONCTION?

J'AI UN PORTEUR MORALEMENT À PLAT ET L'AUTRE QUI SE DÉGONFLE DE ME PORTER TOUT SEUL!

JE CROIS QUE JE DEVRAIS AVOIR UN PORTEUR DE SECOURS!

ÉVIDEMMENT, C'EST TOUJOURS DANS LES MOMENTS IMPORTANTS QUE NOUS SOMMES EN PANNE DE PAVOIS!

6A

JE NE PENSAIS PAS QU'IL PUISSE EXISTER DES FEMMES BARDES!

NOUS ENTRONS DANS L'ÈRE MODERNE DU MONDE ANTIQUE OÙ BEAUCOUP DE CHOSES PEUVENT ÉVOLUER, ASTÉRIX!

C'EST AINSI QUE LA FEMME POURRA, EN TOUTE JUSTICE, DEVENIR L'ÉGALE DE L'HOMME, AVEC DES ASPIRATIONS ET DES AMBITIONS QUI LUI ÉTAIENT INJUSTEMENT INTERDITES JUSQUE-LÀ!

ALORS, IL POURRAIT Y AVOIR DES FEMMES DRUIDES?

ALLONS ALLONS, ASTÉRIX! SOYONS SÉRIEUX!

ET LUTÈCE, CHÈRE MAESTRIA! PARLEZ-NOUS DE CELLE QU'ON APPELLE LA CITÉ LUMIÈRE!...

OH, POUR L'INSTANT, LUTÈCE, CE N'EST QU'UN PARI SUR L'AVENIR!

QUELLE EST LA MODE D'ÉTÉ CETTE ANNÉE?

À CE PROPOS, CROYEZ-VOUS QUE LE "DJINN" SOIT ASSEZ SEYANT POUR MON GENRE DE SILHOUETTE?

BIENVENUE À NOTRE NO

6B

UNE CHANSON! UNE CHANSON!

CHÈRE MAESTRIA, VOUS VOUS DEVEZ DE NOUS CHANTER UNE DE VOS ODES!

C'EST QUE... JE NE ME SENS PAS TRÈS EN VOIX CE SOIR!

C'EST BIEN LA PREMIÈRE FOIS QUE JE VOIS UN BARDE SE FAIRE PRIER POUR CHANTER!

BON! PUISQUE VOUS INSISTEZ, JE VAIS CHERCHER MON INSTRUMENT D'ACCOMPAGNEMENT!

JE ME DISAIS AUSSI!...

AAAAAHH!

PEU APRÈS...

LA HARPE ET LE CARNYX※ TOUT ÇA C'EST DÉMODÉ! SEULS LES INSTRUMENTS À PERCUSSION SONT APTES À TRANSCENDER LA POÉSIE LYRIQUE MODERNE! ÉCOUTEZ PLUTÔT!

? ? ? ?

※ TROMPETTE GAULOISE

LUTÈÈÈÈÈÈCE, C'EST UNE BLONDEUUUU...

BONG! BONG!

7A

LUTÈÈÈÈÈÈCE, REINE DU MONDEUUUUU...

BONG! BONG!

BONG! BONG!

HA! HA! HO! HO! HI! HI!

ALLONS, MESSIEURS! UN PEU DE SAVOIR VIVRE! HI! HI! HI!

BÉOTIENS! RUSTRES QUE VOUS ÊTES!

NE FAITES PAS ATTENTION À EUX! C'ÉTAIT... EUH! TRÈS BIEN VOUS SAVEZ!

JE SAIS! MAIS JE ME DEMANDE COMMENT VOUS POUVEZ SUPPORTER CES BARBARES ATTARDÉS!

ILS SONT MOQUEURS, MAIS PAS BIEN MÉCHANTS!

VENEZ TOUTES ME VOIR DEMAIN, APRÈS LA CLASSE DES ENFANTS. JE VOUS EXPLIQUERAI CE QUE DOIT ÊTRE LA CONDITION FÉMININE CHEZ LA GAULOISE MODERNE!

7B

11

LA NUIT APPORTE SUR LE VILLAGE UN CALME ET UNE SÉRÉNITÉ...

...SEULEMENT TROUBLÉS PAR LES RONFLEMENTS DU COQ QUI A TOUJOURS DES VÉGÉTATIONS.

ROOOON! ZZZZ!

J'AI DEUX AMOURS...

BOUM! BOUM!

COT COT C'EST?

...MON PAYS ET LUTÈCE...

BOUM! BOUM!

...POUR EUX TOUJOURS...

...MON CŒUR EST EN LIESSE...

BOUM! BOUM!

COCORICO!

AH! ELLE EST BELLE LA PERSONNE DE QUALITÉ ET DE BONNE ÉDUCATION!

ET ALORS?! Y A PAS D'HEURE POUR L'INSPIRATION!

8A

MA CABANE EST BEEELLE...

BOUM! BOUM!

LA SEULE DIFFÉRENCE AVEC ASSURANCETOURIX, C'EST QU'IL NE PLEUT PAS!

...MAIS À QUOI BON LE NIER...

BOUM! BOUM!

PAN! PAN!

...CE QUI M'ENSOR... AAAAAAAHH!

CRÂÂC!

NON MAIS SANS BLAGUE!!!

PHALLOCRATE!

WHOUOUOU!

NE PLEURE PAS, IDÉFIX! DEMAIN, JE DEMANDERAI À PANORAMIX DE REFAIRE POUSSER L'ARBRE!

8B

LE LENDEMAIN...

PAS L'AIR COMMODE LA GAULOISE CE MATIN !

OUAIS ! ELLE FUME ENCORE !

BONG ! BONG ! BONG !

EN RANG ET EN SILENCE JE VOUS PRIE !

ÉCOLE

JE VAIS CHASSER LE SANGLIER ! JE TE LAISSE À TES ÉTUDES, OBÉLIX !

LES ANIMAUX SONT INTERDITS EN CLASSE !

MAIS IDÉFIX EST UN CHIEN SAVANT QUI NE DEMANDE QU'À SE PERFECTIONNER !

J'AI DIT PAS D'ANIMAUX EN CLASSE !

ET VOILÀ ! MAINTENANT VOUS ME L'AVEZ VEXÉ !

GRAOOW!

ÉCOLE

ÇA NE FAIT RIEN, IDÉFIX ! ATTENDS-MOI ICI, JE TE RACONTERAI !

9A

ET ÇA ! QU'EST-CE QUE C'EST ?

ÇA, CE SONT MES TARTINES POUR MON IV HEURES ! C'EST PAS INTERDIT J'ESPÈRE ?

PEU APRÈS...

I + I = II
II + I = III
III + I = IV
IV + I = V

ET MAINTENANT, NOUS ALLONS RÉCITER LA TABLE DE MULTIPLICATION PAR V ! ALORS TOUS ENSEMBLE...

V FOIS I, V
V FOIS II, X
V FOIS...

M'DAME ! M'DAME ! OBÉLIX VEUT MANGER MA TARTINE !

BOF ! JE VOULAIS JUSTE GOÛTER, C'EST TOUT !

EN PUNITION, VOUS ME GRAVEREZ CENT FOIS : JE NE DOIS PAS MANGER LE BIEN D'AUTRUI !

3B

AU MÊME INSTANT, À ROME...

ALORS, CLAUDIUS PRENLOMNIBUS! OÙ EN ES-TU AVEC CETTE "CENTURIE TRÈS SPÉCIALE" QUE TU AS EU L'IDÉE DE RECRUTER?

ELLE EST FIN PRÊTE, Ô CÉSAR! SPÉCIALEMENT ENTRAÎNÉE POUR LA MISSION CHOISIE, ELLE N'ATTEND PLUS QUE TON ORDRE POUR EMBARQUER!

JE NE VEUX AUCUN TÉMOIN DANS CETTE AFFAIRE, TU M'ENTENDS? **AUCUN TÉMOIN!**

TOUTES LES PRÉCAUTIONS SERONT PRISES, J'EN FAIS SERMENT, Ô CÉSAR!

SI L'ON APPRENAIT SON EXISTENCE, JE SERAIS LA PROIE DE MES ENNEMIS AU SÉNAT ET LA RISÉE DE TOUT ROME! ALORS GARE À TOI, PRENLOMNIBUS!

GLOUP!

ET C'EST AINSI QU'UN NAVIRE ROMAIN, CHARGÉ D'UNE TRÈS MYSTÉRIEUSE CENTURIE, VOGUE EN DIRECTION DE... **LA GAULE!**

PAUVRE OBÉLIX! QUEL DOMMAGE QU'IL NE SOIT PAS À CETTE CHASSE!...

...IL S'Y SERAIT TELLEMENT AMUSÉ!

GLOUP!

UN PEU PLUS TARD AU CAMP RETRANCHÉ D'AQUARIUM...

PAR JUPITER! ON JURERAIT QUE TOUTE LA GAULE VOUS A PIÉTINÉS!

PVF! C'EST TOUT COMME, FENTURION!

ON S'EST COGNÉS CONTRE UN SANGLIER...

...ET CONTRE LE PETIT TEIGNEUX DU VILLAGE DES IRRÉDUCTIBLES!

GLORIA VICTIS!

BAH! SOYONS PATIENTS. ROME NOUS A PROMIS LA RELÈVE POUR BIENTÔT!

GAULOISES, MES SOEURS! LIBÉREZ-VOUS DE VOS CHAÎNES!...

CE SONT LES BRAIES DE MON MARI... IL SUFFIRA DE QUELQUES RETOUCHES...

TAP! TAP! TAP! TAP! TAP! TAP!

SORTEZ DE L'ESCLAVAGE ET VENEZ GROSSIR LES RANGS DE CELLES QUI ONT DIT NON À...

TAP! TAP! TAP! TAP! TAP! TAP!

...LA TYRANNIE MASCULI...

?!?...

TAP! TAP! TAP! TAP! TAP! TAP!

QUOI? VOUS ÊTES ENCORE LÀ, VOUS?

BEN OUI! VOUS M'AVEZ DEMANDÉ DE GRAVER CENT FOIS QUE VOUS NE DEVIEZ PAS MANGER LE BIEN QUI EST AUX TRUIES, NON?

TAP! TAP! TAP!

BON! ÇA VA POUR CETTE FOIS MAIS N'Y REVENEZ PLUS!

AH, BON!

TU ARRIVES BIEN, OBÉLIX! LES SANGLIERS SONT SERVIS. À TABLE!

HMMM! QU'IL EST DOUX DE SENTIR L'ARÔME DIVIN DU SOIR QUAND LES BONS SANGLIERS SORTENT DE LEURS RÔTISSOIRES.

?

TU FAIS DES ALEXANDRINS MAINTENANT? L'ÉCOLE TE RÉUSSIT!

SCRONTCH! OH, POUR MOI L'ÉCOLE EST FINIE! ON M'A CONSEILLÉ DE NE PLUS Y REVENIR! SCRONTCH! SCRONTCH!

CE N'EST PAS LE CAS DES DAMES DU VILLAGE QUI VIENNENT Y PRENDRE DES COURS DU SOIR! SCRONTCH! GLOP!

!

DES COURS DU SOIR? QUELS COURS DU SOIR?

GLOP! SCRONTCH! SCRONTCH!

JE NE SAIS PAS. IL ÉTAIT QUESTION DE LIBÉRER LES CHÊNES ET DE SORTIR L'ESCLAVE POUR GROSSIR EN RANG EN DISANT SON NOM À JE NE SAIS PLUS QUI...

?

16

LE CONSEIL DES SAGES EST RÉUNI.

AVANT QUE LES CHOSES NE SE GÂTENT DAVANTAGE, IL FAUT ALLER DIRE À CE BARDE QU'IL EST INDÉSIRABLE ET QU'IL DOIT QUITTER LE VILLAGE !

JE NE VOIS QU'UN FIER ET BRAVE GUERRIER POUR LUI ANNONCER ÇA !

QUI ?

TOI, ASTÉRIX !

AH ! NON ! ET POURQUOI CE SERAIT MOI !

JE NE SUIS PAS PLUS FIER NI PLUS BRAVE QU'UN AUTRE ET JE SERAIS TRÈS MAUVAIS DANS CE GENRE DE...

ASTÉRIX, JE T'EN PRIE ! NE COMPLIQUE PAS LA SITUATION !

...MISSION !

PFFFFFFF !

PFFFFFF !

SOIS FERME ET INFLEXIBLE, ASTÉRIX !

OÙ VAS-TU, ASTÉRIX ?

DEVINE !

POURQUOI A-T-IL FALLU QUE CE SOIT MOI ? APRÈS TOUT, JE SUIS CÉLIBATAIRE ET TOUT ÇA NE ME CONCERNE PAS !

PARFOIS J'ENVIE ASSURANCETOURIX D'AVOIR CHOISI DE VIVRE AU MILIEU DE LA FORÊT PROFONDE ! - SOUPIR -

ÉCOLE

MADAME !... EUH !... ON M'ENVOIE POUR VOUS DIRE QUE...

AH ! C'EST VOUS LE PETIT QUI N'A PAS PEUR DES GRANDS ?

ÉCOLE

VOUS ME PLAISEZ BIEN, VOUS ! JUSTEMENT, JE VOULAIS VOUS PARLER !

PAF !

CE SOIR CAUSERIE SUR LA GAULOISE LIBÉRÉE

21

NOUS ALLONS VOTER EN TOUTE LIBERTÉ AFIN DE SAVOIR QUI DE BONEMINE OU D'ABRARACOURCIX SERA NOTRE CHEF !

CHACUN À NOTRE TOUR, NOUS ENTRE-RONS DANS LA HUTTE ET NOUS PLACERONS DANS CE TONNELET LE CAILLOU QUI INDIQUERA NOTRE CHOIX: BLANC POUR BONEMINE, JAUNE POUR ABRARACOURCIX.

MAIS POURQUOI FAIRE AUSSI COMPLIQUÉ, ALORS QU'IL EST SI SIMPLE DE VOTER À MAIN LEVÉE !

C'EST VRAI ÇA ! VOTONS À MAIN LEVÉE !

ET POURQUOI PAS AU PIED LEVÉ PENDANT QU'ON Y EST ?

ET MON PIED ! TU LE VEUX MON PIED ?

ÇA NE FAIT PAS L'UNANIMITÉ ON DIRAIT !

ALORS C'EST TOUT SIMPLE ! VOTONS À MAIN LEVÉE POUR SAVOIR SI NOUS CHOISISSONS DE VOTER À MAIN LEVÉE !

18 9

QUE CEUX QUI VEULENT VOTER À MAIN LEVÉE LÈVENT LA MAIN !

SOIT ! ALORS QUE CEUX QUI NE VEULENT PAS VOTER À MAIN LEVÉE LÈVENT LA MAIN !

DIS ASTÉRIX, JE N'AI PAS TRÈS BIEN COMPRIS CETTE HISTOIRE DE MAIN LEVÉE !

MOI SI ! ET DEVANT CETTE LEVÉE DE BOUCLIERS, MOI, JE LÈVE LE CAMP !

18 8

23

MAESTRIA M'A REGARDÉ D'UN OEIL SOMBRE !

C'EST AFFREUX, OBÉLIX ! J'AI FRAPPÉ UNE FEMME !

ÇA, C'EST SÛREMENT MOINS AMUSANT QUE DE DONNER DES BAFFES À UN ROMAIN !

J'AI HONTE ! COMMENT AI-JE PU EN ARRIVER LÀ ?

HÉ ! ENTRE NOUS, SI C'ÉTAIT LA BELLE FALBALA* TU N'EN SERAIS PAS ARRIVÉ LÀ ! HI ! HI ! HI ! HI !

OBÉLIX, TU ES BÊTE !

ASTÉRIX !

BONG !

*VOIR "ASTÉRIX LÉGIONNAIRE"

SUR PLAINTE DE MAESTRIA, BONEMINE A CONVOQUÉ LE CONSEIL DU VILLAGE AFIN QUE TU Y COMPARAISSES AUJOURD'HUI-MÊME !

?!

JE SENS QU'À MON TOUR JE VAIS DEVOIR QUITTER LE VILLAGE !

J'ASSURERAI MOI-MÊME TA DÉFENSE FACE À CE DANGEREUX BARDE PRÉVARICATEUR ! FAIS-MOI CONFIANCE, ASTÉRIX !

EN MALTRAITANT NOTRE INVITÉE, TU AS ENFREINT NOS LOIS, ASTÉRIX ! À CAUSE DE TOI, LA GALANTERIE GAULOISE VA PERDRE DE SON PRESTIGE ! AUSSI, NOUS TE CONDAMNONS À VIVRE TEMPORAIREMENT HORS DU VILLAGE AFIN QUE TU MÉDITES SUR LES CONSÉQUENCES DE TON GESTE !

AH, BRAVO ! CELLE QUI A DÉTRUIT L'HARMONIE QUI RÉGNAIT AU VILLAGE, SIÈGE AU CONSEIL, ALORS QU'ON BANNIT LE HÉROS QUI A TANT FAIT POUR LA SAUVEGARDE DE NOS LIBERTÉS ! BRAVO !

NOUS N'AVONS QUE FAIRE DES HÉROS ! IL SERAIT PLUS JUDICIEUX DE TENDRE LA MAIN VERS CES LÉGIONS QUI NOUS OFFRENT SI GÉNÉREUSEMENT LES BIENFAITS D'UNE PAIX ROMAINE !

NOUS, NOUS N'AVONS QUE FAIRE DE VOS CONSEILS, VIPÈRE !!!

ET NOUS, DE VOS MARMITES, VIEUX HIBOU DÉCATI !

TRÈS BIEN ! DANS CES CONDITIONS...

...JE QUITTE LE VILLAGE !!!

!

NOUS N'AURIONS PEUT-ÊTRE PAS DÛ CONDAMNER SI DUREMENT ASTÉRIX!

ET SI LES ROMAINS NOUS ATTAQUENT...

NOUS AVONS FÂCHÉ NOTRE DRUIDE!

...COMMENT FERONS-NOUS SANS POTION MAGIQUE?

SOYEZ SANS CRAINTES! LES ROMAINS NE REFUSERONT PAS LA PAIX QUE JE VAIS LEUR PROPOSER!

PEU APRÈS...

EN QUITTANT LE VILLAGE, NOUS FAISONS LA PART BELLE À MAESTRIA!

SÛREMENT, MAIS NOUS SURVEILLERONS TOUT ÇA DE TRÈS PRÈS!

OHÉ! ATTENDEZ-NOUS!

CROIS-TU QU'UN MENHIR SOIT BIEN NÉCESSAIRE POUR VIVRE EN FORÊT?

C'EST POUR IDÉFIX...

BIEN QU'IL ADORE LES ARBRES, DANS CERTAINES CIRCONSTANCES IL PRÉFÈRE UN MENHIR!

JE SUIS TOUT DE MÊME SURPRIS PAR L'APATHIE, LE MANQUE DE RÉACTION DES HOMMES DU VILLAGE!

CHEZ LFABÉT

FERMÉ

METTONS-NOUS À LEUR PLACE! ILS ONT DES CONTRAINTES FAMILIALES QUE NOUS N'AVONS PAS, ASTÉRIX!

!?

UN CONTRE TOUTES! TOUS POUR UN!!!

TOI, RENTRE À LA MAISON!

BIEN FÛR, F'EST TOUZOURS LES MÊMES QUI F'AMUSENT ALORS!

PENDANT CE TEMPS, SUR LA CÔTE, PRÈS DU CAMP RETRANCHÉ D'AQUARIUM...

PARÉ POUR LE DÉBARQUEMENT !

CRÎÎÎÎÎÎÎ

OUF ! VIVEMENT L'AIR DU LARGE !

JE VOUS DEMANDE ENCORE UN PEU DE PATIENCE ET NE SORTEZ PAS SANS MON ORDRE !

ET DANS LE CAMP RETRANCHÉ D'AQUARIUM...

SNIFF ! BAINTENANT LES GAULOIS ONT UNE ARBE REDOUTABLE ET BALHONNÊTE !...

LEUR BARDE BAUDIT QUI POSSÈDE UNE SI BAUVAISE VOIX...

?!

PON !

...QU'IL ABÈNE LA BALÉDICTION DES DIEUX DU CIEL CHAQUE FOIS QU'IL CHANTE ! SNIFF !

BERGITUR NEC FLUCTU AAAA... ...TCHOUM !

AH ! OUI VRAIMENT, IL EST TEMPS QUE LA RELÈVE ARRIVE !

LA RELÈVE EST ARRIVÉE, CENTURION !

229

ET... C'EST TOI LA RELÈVE ?

C'EST TOUT COMME ! JE SUIS MANDATÉ PAR CÉSAR POUR TE DIRE DE LEVER LE CAMP AVANT MÊME L'ARRIVÉE DE LA RELÈVE !

ET SUPPOSONS QUE JE REFUSE DE LEVER LE CAMP AVANT L'ARRIVÉE DE LA RELÈVE ?

ALORS TU SERAS RELEVÉ DE TES FONCTIONS ET TU IRAS RELEVER L'ORDINAIRE DES LIONS DU CIRQUE !

ON LÈVE LE CAMP !

CEPENDANT, DANS LA FORÊT QUI SÉPARE LE VILLAGE DU CAMP ROMAIN...

EN ATTENDANT QUE LE BON SENS REVIENNE CHEZ NOS COMPAGNES, NOUS NE SOMMES PAS SI MAL ICI !

SOYONS TOUT DE MÊME PRUDENTS ! VEILLONS À CE QUE LES ROMAINS N'EN PROFITENT PAS POUR ANNEXER LE VILLAGE !

OBÉLIX ET MOI, NOUS ALLONS LES SURVEILLER DE TRÈS PRÈS !

228

C'EST QUOI CETTE MASCARADE ?

CETTE MASCARADE VIENT RELEVER LES MINABLES QUE VOUS ÊTES !

AH ! AH ! AH ! C'EST PEUT-ÊTRE CE QU'ON APPELLE RELEVER LE MORAL DES TROUPES !

HI ! HI ! HI ! TAISEZ-VOUS SINON JE NE M'EN RELÉVERAI PAS !

HA ! HA ! HA ! HO ! HO !

HOU ! HOU ! HOU ! HI ! HI ! HI !

TAP ! TAP !

?!

BONG !

PAF !

OUF !

BONG !

CLONC !

PAR TOUTATIS ! TU VOIS CE QUE JE VOIS OBÉLIX ?

OUAIS ! SI LES ROMAINS S'ASSOMMENT ENTRE EUX, ÇA, C'EST PAS DU JEU !

GRRRR !!

28

ARRÊTEZ! MAIS ARRÊTEZ!

PIF! PAF!

AH! ELLE EST BELLE L'ARMÉE ROMAINE! VOUS N'AVEZ MÊME PLUS BESOIN DES GAULOIS, MAINTENANT! ILS RIRAIENT BIEN S'ILS VOUS VOYAIENT!

BEN, Y A PAS DE QUOI RIRE!

CHUT, OBÉLIX!

JE T'AVAIS POURTANT DIT DE QUITTER LES LIEUX, CENTURION!

ENTRE NOUS, C'EST QUOI ÇA?

ALLONS UN PEU À L'ÉCART, J'AI À TE PARLER!

?

J'AI EU L'IDÉE DE CRÉER CETTE CENTURIE FÉMININE, AFIN DE BATTRE LES GAULOIS ET INVESTIR ENFIN LEUR VILLAGE!

PARCE QUE TU CROIS QUE CES MATRONES FERONT MIEUX QUE NOUS, PEUT-ÊTRE?

?!

LA GALANTERIE GAULOISE, SI RÉPUTÉE, EMPÊCHERA TOUJOURS LES IRRÉDUCTIBLES DE SE BATTRE CONTRE DES FEMMES, MÊME SI ELLES PORTENT UN UNIFORME!

C'EST BON! J'AI COMPRIS! ON QUITTE LA PLACE!

IL N'EN EST PLUS QUESTION! MAINTENANT QUE VOUS CONNAISSEZ LE SECRET, VOUS ÊTES TOUS CONSIGNÉS DANS LE CAMP!

?!?

VITE! IL FAUT ALLER PRÉVENIR NOTRE CHEF!

ASTÉRIX! C'EST QUOI LA GALANTERIE GAULOISE?

29

SI NOUS COMBATTONS CETTE LÉGION FÉMININE, NOUS PERDONS NOTRE HONNEUR ET SI NOUS LAISSONS FAIRE, ELLE INVESTIT NOTRE VILLAGE !

PAR TOUTATIS ! IL FAUT AVERTIR NOS COMPAGNES DU DANGER QUI LES GUETTE !

NOUS SOMMES VICTIMES DE NOTRE RÉPUTATION !

UN VOLONTAIRE POUR ALLER AU VILLAGE !

MOI, RETOURNER AU VILLAGE ? ÇA, JAMAIS !

MA FEMME POURRAIT CROIRE QUE J'AI TROUVÉ UNE EXCUSE POUR RENTRER !

MOI, J'IMAGINE LA VAISSELLE QUI M'ATTEND LÀ-BAS !

AH, NON ! ET PUIS QUOI ENCORE ?

ON A SA DIGNITÉ !

ÇA VA ! J'AI COMPRIS ! ALLEZ VIENS, OBÉLIX !

26A

ÇA N'A PAS L'AIR D'ALLER, OBÉLIX ?

JE M'ENNUIE, ASTÉRIX ! ASSURANCETOURIX FAIT FUIR TOUS LES SANGLIERS DE LA FORÊT...

...QUANT AUX ROMAINS, ON N'A PLUS LE DROIT DE TAPER DESSUS DEPUIS QU'ILS SONT ROMAINES ! ILS SONT FOUS CES ROMAINES !

PAR TOUTATIS ! LE VILLAGE A L'AIR D'ÊTRE ABANDONNÉ !

C'EST COMME AVEC ASSURANCETOURIX, MAESTRIA FAIT FUIR TOUT LE MONDE ! ELLES SONT FOLLES CES BARDES !

ORDRALFABÉTIX

26B

30

PAR TOUTÂFIS, ILS FONT FOUS FES ROMAINS!

HEP! DIS-MOI, PETIT! OÙ SONT TOUTES LES FEMMES DU VILLAGE?

BADAGLANG!

ELLES FONT TOUTES À L'ÉCOLE! NOUS, PENDANT FE TEMPS-LÀ, ON N'A PAS CLAFFE! F'EST FOUETTE!

?

27A

ALLONS VOIR, OBÉLIX!

ÉCOLE
CLAP! CLAP! CLAP!
BRAVO!

TOUJOURS DANS LA COLLECTION *DIORIX*, APRÈS L'ENSEMBLE "ROSE DE MENHIR" VOICI LA ROBE "DOLMEN DU SOIR"!

CLAP! CLAP! CLAP! CLAP! CLAP! CLAP! CLAP!

27B

ALORS ÇA, C'EST EXTRAORDINAIRE!

SNIFF! EN EFFET... ...ON NE SENT PLUS LE POISSON PAS FRAIS D'ORDRALFABÉTIX!

EUH! C'EST QUOI TOUT ÇA?

MAESTRIA A FAIT VENIR DE LUTÈCE DES GRANDS COUTURIERS QUI NOUS PRÉSENTENT LEUR COLLECTION DE PRINTEMPS!

CLAP! CLAP! CLAP!

TAP! TAP! TAP!

MAIS... C'EST ASTÉRIX!

27C

31

COMMENT VA COCHONNET, ASTÉRIX ? IL N'A PAS ATTRAPÉ FROID AU MOINS ?

!!!

LA FORÊT EST HUMIDE EN CETTE SAISON. APPORTE-LUI CES VÊTEMENTS CHAUDS !

ET RAPPELLE-LUI QUE S'IL FAIT TROP RIPAILLE, C'EST LA CRISE DE GOUTTE QUI L'ATTEND !

HEP ! ASTÉRIX !

?

POISSONS

DIS À ORDRALFABÉTIX DE BIEN SE COUVRIR ! LES NUITS SONT FRAÎCHES EN FORÊT !

POUR CÉTAUTOMATIX ! JE LE CONNAIS CE LOURDAUD, IL S'ENRHUME POUR UN RIEN !

POUR AGECANONICHOU AFIN DE LE PRÉSERVER DE SES RHUMATISMES...

...ET CECI AFIN QU'IL NE PERDE PAS LA MAIN !

?

!

J'AI UN SERVICE À TE DEMANDER ASTÉRIX !

OHÉ OBÉLIX !

ICI, ASTÉRIX !

OBÉLIX !

YOUHOU ! ASTÉRIX !

PEU APRÈS...

ALORS ? QUELLES NOUVELLES NOUS RAPPORTES-TU DU VILLAGE ?

PEU DE NOUVELLES...

...MAIS BEAUCOUP DE RECOMMANDATIONS !

?!

33

CONFORMÉMENT AUX RÈGLES, LA CENTURIE FÉMININE A DRESSÉ UN CAMP PROVISOIRE PRÈS DU CAMP RETRANCHÉ D'AQUARIUM...

...AVEC PARFOIS QUELQUES PETITS DÉRAPAGES!

C'EST QUOI ÇA?

AH, ÇA? C'EST UN TISSU GARANTI GRAND TEINT QUI RÉSISTE AU LAVAGE!

ALORS QUE CHEZ LES CONSIGNES D'À CÔTÉ, LA RELÈVE A RABAISSÉ LE MORAL DES TROUPES.

SI LES FEMMES PEUVENT ENTRER DANS LA LÉGION, ALORS À QUOI VA-T-ON SERVIR, NOUS?

MA, QU'EST-CE QUE TOU DIS, LÀ? MOI, ZÉ FERAIS MÊME LE DOMESTICUS ✻ DANS CETTE LÉZION-LÀ!

✻ DOMESTIQUE

CEPENDANT...

MAESTRIA! ELLE VA SÛREMENT AU CAMP ROMAIN!.... SUIVONS-LA DISCRÈTEMENT!

HALTE, GAULOISE!

TU ES FEMME COMME MOI! NOUS SOMMES DONC SŒURS, ALORS TENDS-MOI LA MAIN, ROMAINE!

TCHAC!

34

LA SŒUR ROMAINE DE MAESTRIA NE FAIT PAS DANS LA GALANTERIE !

TU L'AS DIT BOUFFI !

QUE VIENS-TU FAIRE ICI, GAULOISE ?

JE VIENS PROPOSER LA PAIX ENTRE ROME ET LE VILLAGE DES IRRÉDUCTIBLES, ET VOILÀ L'ACCUEIL QU'ON ME FAIT !

HÉ ! HÉ ! HÉ ! AINSI LES IRRÉDUCTIBLES CAPITULENT ! JE N'AURAIS PAS CRU QUE CELA FÛT SI FACILE ET SI RAPIDE !

CE NE SONT PAS LES IRRÉDUCTIBLES QUI CAPITULENT MAIS LEURS FEMMES QUI ASPIRENT À LA PAIX !

AH, OUI ?

JE N'AI QUE FAIRE DE LA PAIX QUE TU M'OFFRES, GAULOISE ! LE VILLAGE SERA DÉTRUIT ET SES HABITANTS IRONT FINIR LEURS JOURS DANS LE *TULLIANUM* ☙ !

*PRISON DE ROME OÙ FUT INTERNÉ ENTRE AUTRES, VERCINGÉTORIX.

31A

CLAC !

VOUS N'ÊTES QUE DES BARBARES !

NOTRE NOUVEAU BARDE M'APPARAÎT SUBITEMENT PLUS SYMPATHIQUE !

JE DOIS M'ENTRETENIR UN INSTANT AVEC MAESTRIA. ON SE RETROUVE PLUS TARD OBÉLIX !

AH ?... BON !

MES FÉLICITATIONS POUR VOTRE COURAGE, MAESTRIA !

BAH ! CE NE SONT QUE DES RUSTRES QUI NE MÉRITENT AUCUNE ATTENTION !

VOUS CONNAISSEZ LE TOUT LUTÈCE, JE CROIS ?

EN EFFET ! POURQUOI CETTE QUESTION ?

PARCE QUE CETTE FOIS... C'EST À MON TOUR DE VOUS FAIRE UNE PROPOSITION !

!

31B

ALORS, NOUS SOMMES BIEN D'ACCORD, MAESTRIA?

PARFAITEMENT D'ACCORD, ASTÉRIX!

ÇA Y EST! J'AI FAIT LA PAIX AVEC MAESTRIA!

HÉ! HÉ! IL PARAÎT!

ENCORE UN CÉLIBATAIRE EN MOINS!

IL FALLAIT BIEN QUE ÇA ARRIVE UN JOUR!

AH! AMOUR AMOUR, QUAND TU NOUS TIENS!

32ᵃ

QU'EST-CE QUE C'EST QUE CES ALLUSIONS IDIOTES?

HI! HI! HI!

HÉ! HÉ! HÉ!

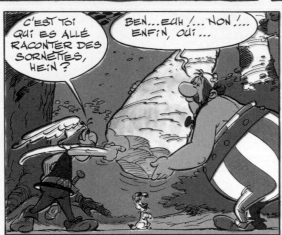

C'EST TOI QUI ES ALLÉ RACONTER DES SORNETTES, HEIN?

BEN...EUH!...NON!... ENFIN, OUI...

ET PUIS QUOI, ASTÉRIX, IL N'Y A PAS DE HONTE À...

TIENS, VOUS ÊTES TROP BÊTES! JE PRÉFÈRE M'EN ALLER SANS VOUS PARLER DU PLAN QUE J'AI CONÇU AVEC MAESTRIA!

BONG!

PENDANT CE TEMPS, DANS LE CAMP DE LA LÉGION FÉMININE...

ALORS CENTURI-ONNE! QUEL EST TON PLAN POUR INVESTIR LE VILLAGE?

C'EST SIMPLE, JE FONCE ET J'INVESTIS! MAIS PAR PRUDENCE, JE VAIS D'ABORD EN-VOYER UNE PATROUILLE, ON NE SAIT JAMAIS!

VOUS ALLEZ TRAVERSER LA FORÊT ET VOUS APPROCHER DU VILLAGE GAULOIS. RAPPORTEZ-MOI TOUTES VOS OBSERVATIONS! COMPRIS? ROMPEZ!

32ᵇ

40

41

L POUR C*
DE RÉDUCTION
SUR TOUT
ACHAT!!!

UN SAC EN
PEAU DE
LUTÈCE
EST SIGNÉ
Herpès

*50% EN CHIFFRES
ROMAINS

HIIIIII

JE VOUS
ORDO...

HIIIIIII

C'EST UNE
CATASTROPHE !
CÉSAR VA ÊTRE
FURIEUX !

BRAVO, ASTÉRIX ! TON
PLAN EST REMARQUABLE !

GRÂCE À MAESTRIA
ET À TOUTES LES FEMMES
DU VILLAGE, NOUS AVONS
GAULOISISÉ TOUTE UNE
LÉGION ROMAINE !

?!?

BHOUUU
BHOUUU

QU'EST-CE
QUI NE VA PAS,
OBÉLIX ?

BHOUUUUU!

JE NE SERS À RIEN, JE NE
FAIS PLUS RIEN, JE NE SUIS
PLUS RIEN !

SUIS-MOI, OBÉLIX ! NOUS
ALLONS SURVEILLER LE
ROMAIN QUI VA SÛREMENT CHER-
CHER DE L'AIDE AUPRÈS DU
CAMP RETRANCHÉ D'AQUARIUM.
N'OUBLIE PAS QUE CE CAMP
EST TOUJOURS OCCUPÉ PAR
DES LÉGIONNAIRES...
MASCULINS !

ET NON COUVERTS
PAR LA GALANTERIE
GAULOISE ?

SÛREMENT PAS
COUVERTS PAR LA
GALANTERIE GAULOISE !

ALORS ASSEZ
PLAISANTÉ, ASTÉRIX !
PASSONS VITE AUX
CHOSES SÉRIEUSES !

QUANT À NOUS,
ALLONS NOUS OCCUPER
DES AUTRES CAMPS
QUI ENTOURENT LE
VILLAGE ! J'ESPÈRE
QUE NOUS NE MAN-
QUERONS PAS DE
POTION MAGIQUE ?

SOIS SANS CRAINTE !
C'EST SEULEMENT
DE SAGESSE QUE
NOUS MANQUERONS
TOUJOURS UN PEU !

QUI C'EST?

CLAUDIUS PRENLOMNIBUS MANDATÉ PAR JULES CÉSAR!

TOC! TOC! TOC!

C'EST POUR QUOI?

ASSEZ DE QUESTIONS! JE VOUS ORDONNE D'ALLER INVESTIR LE VILLAGE GAULOIS!

BOUM! BOUM!

C'EST IMPOSSIBLE!

COMMENT, IMPOSSIBLE?

NOUS SOMMES CONSIGNÉS!

?!

ÉCOUTE, CENTURION! LES GAULOIS ONT LÂCHEMENT ABANDONNÉ LEUR VILLAGE! ILS N'Y ONT LAISSÉ QUE LEURS FEMMES QUI BATIFOLENT AVEC CES >⊕⊡:≒⊕⊞ DE MATRONES. C'EST TA CHANCE AVEC, EN RÉCOMPENSE LA GLOIRE ET LA FORTUNE!

TU... TU DIS VRAI? LE VILLAGE N'EST OCCUPÉ QUE PAR LES GAULOISES?

JE LE JURE PAR JUPITER!

CRIIII

39A

AUX ARMES! AU TROT! AU VILLAGE GAULOIS!!!

ILS SONT TOUS POUR TOI, OBÉLIX!

CHIC! CHIC! CHIC! CHIC!

GRRRRR!

VLAN!

SURTOUT NE ME TOUCHEZ PAS! JE SUIS UN ENVOYÉ DE JULES CÉSAR ET ON PEUT PEUT-ÊTRE DISCUTER POSÉMENT SUR LA SITUATION COMME DES GENS BIEN ÉLEVÉS QUE NOUS SOMMES ET ENVISAGER ᵉⁿⁿ ᵉᵗ ⁿ⁻ᵉⁿⁿ...

39B

UN PEU PLUS TARD.

PARDONNE-MOI, ASSURANCETOURIX, MAIS TA VOIX RISQUE DE FAIRE TOURNER LA POTION MAGIQUE !

GLOP ! GLOP !

BAH !

PEUPLE DU VILLAGE ! GUERRIERS SUPERBES ET GÉNÉREUX ! NOUS SOMMES À NOUVEAU DEVANT L'OBLIGATION DE FAIRE FACE À NOTRE ENNEMI ABHORRÉ ! LE REGARD ANXIEUX DU MONDE ANTIQUE ET LIBRE EST FIXÉ SUR VOS POITRAILS PUISSANTS QUI FERONT RECULER L'HÉGÉMONIE D'UNE DICTATURE QUI VA JUSQU'À COMBATTRE DES FEMMES...

...ET DES ENFANTS !

LA POTION MAGIQUE ÉTAIT ENCORE PLUS DÉLICIEUSE QUE D'HABITUDE !

LES ROMAINS LUI ATTRIBUERONT PLUSIEURS ÉTOILES, C'EST CERTAIN !

(4,9)

VULES FÉVAR FERA FURIEUX, FA F'EST FÛR ! HEUREUFEMENT, IL ME RESTE LE FECOURS DES AUTRES CAMPS RETRANFÉS !

ET DANS LE CAMP DE BABAORUM...

CES PROBLÈMES T'ONT PASSABLEMENT DÉFAIT, PATRICIEN ! VEUX-TU TE RESTAURER ?

OUI MERFI, MAIS FI POFFIBLE, AVEC UNE PAILLE.

AINSI, LES GAULOIS ONT LÂCHEMENT ABANDONNÉ LEUR VILLAGE QUI N'EST GARDÉ QUE PAR LES FEMMES ET LES ENFANTS !

COMME VE TE LE DIS, FENTURION ! SLUP !

ALERTE !!! LES GAULOIS NOUS ATTAQUENT !!!

?!

À L'ATTAQUE, MES PETITS !

LAISSEZ-LES MOI ! LAISSEZ-LES MOI !

NE FAIS PAS L'ÉGOÏSTE, OBÉLIX !

(41B)

46

ET PENDANT CE TEMPS, À LA SORTIE DU VILLAGE...

JE VAIS EN FAIRE BISQUER PLUS D'UNE SUR LE FORUM!

EN ARRIVANT À ROME, J'OUVRE UNE BOUTIQUE: "À LA HAUTE COUTURE LUTÉCIENNE"!

MOI, JE RETIENS LES ARÈNES AFIN D'ORGANISER UN DÉFILÉ DE MODE AU MILIEU DES COMBATS DE GLADIATEURS! CE SERA GÉNIAL!

ENCORE MERCI POUR VOTRE CHARMANT ACCUEIL, MESDAMES!

OH, VOUS SAVEZ, C'ÉTAIT EN TOUTE SIMPLICITÉ!

PUISQUE JE SUIS SEUL ET ENFIN LIBRE, JE VAIS POUVOIR PARFAIRE MON ŒUVRE POÉTICO-ONOMATOPÉIQUE!

DOING! DOING!

À LOUER

AAiiiiiiiiiiBRAOOM! HOUOUOUUUU

GRROHAAAAAYUUUU

JE LE SAVAIS BIEN, MOI, QU'IL Y AVAIT UN DRAGON LÀ-DEDANS!

HÉ! FOYEZ PAS ROFFES! ATTENDEZ-MOI!